Pedro Calderón de la Barca

La nave del mercader

Barcelona **2024**
Linkgua-ediciones.com

Créditos

Título original: La nave del mercader.

© 2024, Red ediciones S.L.

e-mail: info@Linkgua-ediciones.com

Diseño de cubierta: Michel Mallard.

ISBN tapa dura: 978-84-1126-699-4.
ISBN rústica: 978-84-9816-429-9.
ISBN ebook: 978-84-9953-235-6.

Sumario

Brevísima presentación

La vida

Pedro Calderón de la Barca (Madrid, 1600-Madrid, 1681). España. Su padre era noble y escribano en el consejo de hacienda del rey. Se educó en el colegio imperial de los jesuitas y más tarde entró en las universidades de Alcalá y Salamanca, aunque no se sabe si llegó a graduarse.

Tuvo una juventud turbulenta. Incluso se le acusa de la muerte de algunos de sus enemigos. En 1621 se negó a ser sacerdote, y poco después, en 1623, empezó a escribir y estrenar obras de teatro. Escribió más de ciento veinte, otra docena larga en colaboración y alrededor de setenta autos sacramentales. Sus primeros estrenos fueron en corrales.

Lope de Vega elogió sus obras, pero en 1629 dejaron de ser amigos tras un extraño incidente: un hermano de Calderón fue agredido y, éste al perseguir al atacante, entró en un convento donde vivía como monja la hija de Lope. Nadie sabe qué pasó.

Entre 1635 y 1637, Calderón de la Barca fue nombrado caballero de la Orden de Santiago. Por entonces publicó veinticuatro comedias en dos volúmenes y *La vida es sueño* (1636), su obra más célebre. En la década siguiente vivió en Cataluña y, entre 1640 y 1642, combatió con las tropas castellanas. Sin embargo, su salud se quebrantó y abandonó la vida militar.

Entre 1647 y 1649 la muerte de la reina y después la del príncipe heredero provocaron el cierre de los teatros, por lo que Calderón tuvo que limitarse a escribir autos sacramentales.

Calderón murió mientras trabajaba en una comedia dedicada a la reina María Luisa, mujer de Carlos II el Hechizado. Su hermano José, hombre pendenciero, fue uno de sus editores más fieles.

Personajes

La Culpa
La Memoria
El Hombre, primero Adán
El Mundo
La Voluntad
El Mercader, segundo Adán
El Demonio
El Entendimiento
El Deseo
La Lascivia
Los Cinco Sentidos
El Amor, y [El Tiempo]
Músicos

Acto único

Suena un clarín en la nave negra, y dando vuelta se ve en la proa la Culpa con espada, plumas y bengala, y algunos de marineros.

Culpa   Suene el clarín y corte
los helados carámbanos del norte
esta trémula nave,
que siendo pez del mar, del viento ave,
al impulso violento   5
del Aquilón, de quien el mal proviene,
tan nueva especie en su embrión contiene
que uno y otro elemento
duda si ave es del mar o pez del viento.

(El clarín, y para de costado.)

              Dígalo la divina   10
águila, que a los rayos se examina
del Sol más verdadero,
pues viendo el monstruoso buque fiero
de áspides coronado, y por más loa,
su árbol fanal y su serpiente proa,   15
sobre el inquieto campo de la espuma
nadar volando, pájaro sin pluma,
delfín volar, nadando sin escama,
bestia del mar a su argonauta llama,
cuyo horroroso nombre   20
me empeña a que mi rumbo al cielo asombre
cuando para intimar al Hombre guerra
bestia del mar la Culpa salta en tierra;
que si en sacras lecciones
las vagas ondas son tribulaciones   25
no para algún concepto sin disculpa

	marino monstruo a atribular, la Culpa
	hoy sulca de la vida los pasajes.
	Y así, puesta la proa en los celajes
	de aquella inculta tierra:	30
	¡A tierra, timonel!

Todos ¡A tierra, a tierra!

(El clarín, y parando de costado, baja al tablado.)

Culpa Nadie venga conmigo,
que en ella está quien ha de ser testigo
del gran empeño que acometo grave.
Surta, pues, sobre el áncora la nave, 35
(Bajando.) a que vuelva me aguarde
sin que tema, o sea nunca o mal o tarde,
que carcoma la bruma de su brea
el húmedo vapor de la marea.
Y pues ya en tierra estoy suenen veloces 40
los pavorosos ecos de mis voces.

(En el tablado.)

¡Ah de la cumbre del monte!
¡Ah del elevado risco,
parda envidia, si no verde
emulación del Olimpo! 45
¡Ah de la inferior esfera
del mundo! ¡Ah del mundo mismo,
árbitro dueño de cuanto
mira el Sol!

(Sale del primer carro, que será un peñasco, el Mundo.)

Mundo	¿En qué te sirvo?

Culpa	Presto lo sabrás; espera	50
	mientras los demás alisto.	
	¡Ah de las duras entrañas	
	de ese entreabierto obelisco,	
	volcán por donde respiran	
	las gargantas del abismo!	55
	¡Ah del centro de la tierra!	
	¡Ah del abrasado limbo,	
	rey de sus sombras!	

(Sale del segundo carro (que será una nube) el Demonio.)

Demonio	¿Qué quieres,
	que ya a tus voces asisto?

Culpa	Luego lo sabrás; aguarda.	60
	¡Ah del más ameno sitio,	
	que vistió la primavera	
	a desdenes del estío	
	y a desaires del invierno,	
	de tanto matiz distinto	65
	que son sus flores tu imagen,	
	pues sensual apetito	
	de solo un suspiro naces	
	a morir de otro suspiro!	

(Sale del tercero carro (que será otra nube) la Lascivia.)

Lascivia	¿Qué intentas, que ya la errada	70
	senda de tus voces sigo,	
	girasol de tu hermosura	
	que siempre idolatré?	

Culpa	Amigos,
	pues sois los tres de la Culpa
	los principales caudillos, 75
	seguidme hasta penetrar
	los intrincados caminos
	de la humana vida, que es
	un confuso laberinto;
	porque para una alta idea, 80
	que no sin seguro arrimo
	de sacras autoridades
	hoy alegórica finjo
	os he menester a todos.
Mundo	Ya el primero yo en el sitio 85
	que para teatro eliges
	de algún mísero conflicto
	la huella que dejas borro,
	la estampa que borras piso;
	porque siendo como soy 90
	del ardiente polo al frío
	el Mundo, monarca noble
	de cuanto por varios giros
	el Sol a reflejos dora
	y la Luna platea a visos, 95
	nadie primero que yo
	se ha de ver a tu servicio
	obediente, porque vea
	ese celeste zafiro
	que rendido yo a la Culpa 100
	en mí a todo el mundo rindo.
Demonio	Yo, que los cóncavos senos
	de sus entrañas habito,

príncipe de las tinieblas
que a tus aras sacrifico,   105
haré también que el Sol vea,
que siendo del Mundo amigo,
si él va tras ti, yo tras él;
porque tras mí al tiempo mismo
venga también la que es   110
alma en que los dos vivimos
como principal estrago
de potencias y sentidos.

Lascivia   Esa soy yo, pues primera
cerviz soy de aquel vestiglo   115
sobre cuyas siete bocas
dorado veneno brindo;
porque siendo, como soy,
el más dañado cariño,
el más cariñoso daño   120
y el más halagüeño hechizo,
es fuerza que haya de ser
el más familiar peligro
del Hombre, pues en sus venas
de su mismo humor me crío   125
tan doméstico gusano
que me alimento dél mismo.
Y pues ya Mundo y Demonio
y Lascivia, que enemigos
del alma, te obedecemos,   130
porque de nuestros arbitrios
asechanzas y cautelas
nada es lo que conseguimos
hasta que lleguen a ser
culpas en el Hombre, dinos   135
¿a qué fin nos has juntado?

Mundo	¿Qué alegórico sentido es el que nos has propuesto?
Demonio	¿Qué fantástico motivo, que yo aún no le alcanzo, intentas? 140
Culpa	Oíd y sabréis mis designios. Yo desde que victoriosa quedé en aquel desafío que en la florida campaña... Pero antes de decirlo 145 para que os hagan más fuerza los ojos que los oídos valiéndome de las ciencias que diabólica ejercito os he de poner en ellos 150 la causa que me ha movido a esta junta y a esa nave... ¿Quién en aquel pardo risco que a mi voz se despedaza yace?

(Ábrese el peñasco y vese en él el Hombre vestido de pieles, dormido, y el Deseo, despierto.)

Demonio	Un Hombre, que rendido 155 al sueño nos significa aquel primero nativo sepulcro que fue su cuna.
Culpa	¿Quién con él está?
Mundo	A mi juicio

	debe de ser su Deseo,	160
	que aunque el Hombre esté dormido	
	su deseo nunca duerme.	
Lascivia	Él es; yo le he conocido,	
	porque en esto de deseos	
	siempre a los dos me anticipo,	165
(Al Demonio.)	que si tú conjeturarlos	
(Al Mundo.)	puedes y tú presumirlos	
	yo saberlos desde luego.	
Culpa	Pues oíd lo que al oído	
	le está diciendo entre sueños	170
	representándole al vivo	
	aquello en que él discurría	
	cuando se quedó dormido.	
Deseo	Nacer a vivir muriendo,	
	Hombre, no es haber nacido,	175
	sino de cadáver muerto	
	pasar a cadáver vivo.	
	Salgamos de aquestos montes	
	y olvidados de que fuimos	
	tierra en ellos y seremos	180
	en ellos tierra, atrevidos,	
	vanagloriosos y osados,	
	vivamos lo que vivimos,	
	que para estar muertos harto	
	tiempo queda.	
(En sueños.)		
Hombre	Bien has dicho,	185
	Deseo. ¿Para qué nace	

	el Hombre si reducido	
	a beber de su sudor	
	y a comer de su ejercicio	
	contentándose con solo	190
	hacer número en el siglo,	
	malogra la vida siendo	
	instante tan improviso	
	que llega como fin cuando	
	se aguarda como principio?	195
Culpa	Dejémosle vacilar,	
	pues ya en sueños nos ha dicho	
	lo que dijera despierto,	
	y pasemos a otro sitio	
	que en oposición de aquel	200
	tenebroso oscuro asilo	
	pedazo es de cielo. ¿Quién	
	en él está?	

(Ábrese la nube y vese en ella el Mercader vestido de armenio, dormido, y el Amor, despierto.)

Mundo	A lo que miro	
	otro Hombre es.	
Demonio	Pero otro Hombre	
	que no sé, porque me admiro	205
	y tiemblo al mirarle.	
Lascivia	En blando	
	lecho de flores mullido,	
	al pabellón de una nube	
	que dulce sombra le hizo	
	del aura templada a soplos	210

	y de la aurora a rocíos,	
	dormido, también descansa.	

Culpa	De modo que ya hemos visto	
	que el Hombre que nace en breñas,	
	desnudo al calor y al frío,	215
	nace capaz de gozar	
	gusto, paz, quietud y alivio,	
	pues si para él se hizo el llanto	
	también el gozo se hizo.	

| Las tres | Claro está. | |

Culpa	Apuremos más.	220
	¿Quién es quien tiene consigo?	

Lascivia	Señas son de Amor, mas no	
	sé si es humano o divino.	

Demonio	Divino será, pues tú	
	no le conoces.	

Culpa	Oídlos,	225
	que el Amor despierto está	
	y aún él, pues hay quien ha dicho	
	que aunque él duerma, el corazón	
	vela.	

Amor	Heroico dueño mío,	
	el Hombre en común llevado	230
	de su ambición y movido	
	de su deseo aun en sueños	
	discurre a su precipicio;	
	acude tú a su reparo.	

Mercader	Sí haré, que es hermano mío	235
	y en su ambición y deseo	
	me duelen sus desperdicios;	
	mas yo doraré sus yerros.	
Deseo	Despierta y ven donde digo.	
(Despierta.)		
Hombre	Sí haré, ya que mi Deseo	240
	fue quien despertarme quiso.	
Amor	Despierta y ven donde yo	
	a su reparo te guío.	
(Despierta.)		
Mercader	Sí haré, que aunque yo no duerma	
	me he de dar por entendido	245
	de que aun sin dormir Amor	
	fue quien despertarme hizo.	
(Bajan al tablado.)		
Hombre	Al mundo, Deseo, veamos;	
	poblaciones, edificios,	
	tratos, comercios y gentes.	250
Deseo	Ven tras mí.	
Hombre	Ya yo te sigo;	
	pues yendo tras mi deseo	
	gozaré lo que me dijo.	

Deseo	¿Te acuerdas?
Hombre	Sí.
Deseo	¿Qué fue?
Hombre	Que vivamos lo que vivimos. 255

(Vanse.)

Amor	El Hombre tras su Deseo va; forzoso es su peligro.
Mercader	Acudiré a repararle, Amor, y atiendan los siglos que si él va tras su Deseo 260 yo tras mi Amor.

(Bajan al tablado y ciérranse el peñasco y la nube.)

Amor	Ven conmigo.
Mercader	Claro es, que para ir yo a dar al Hombre en el mundo auxilios solo el Amor pudo ser quien me enseñase el camino. 265

(Vanse los dos.)

Lascivia	Ya en dos aparentes sombras y en dos hombres hemos visto, hermanos según el uno

dio a entender, dos tan distintos
estados y genios como   270
uno en glorias y otro en riscos
ser humilde el poderoso
y el no poderoso altivo.

Los dos   Saber a qué fin nos falta.

Culpa   Oíd, ya que es para decirlo   275
de aquel desatado cabo
tiempo de anudar el hilo.
Yo desde que victoriosa
quedé en aquel desafío
que en la florida campaña   280
de un hermoso paraíso
tuve con la Gracia cuando
concibieron el ser mío
la oreja de la mujer
y de la serpiente el silbo   285
—porque, hija del aire, que fuese es preciso
mi madre la voz y mi padre el oído—
tan soberbia, tan ufana
y vanagloriosa vivo
que no hay instante en que no   290
piense mi espíritu altivo
cómo aumentar mis aplausos.
Y así con mayores bríos
desde culpa original
a ser culpa actual aspiro;   295
porque si de mi raíz
nacieron todos los vicios
del Hombre, crezcan con él;
que los blasones invictos
hidrópicos de su fama   300

se empiezan en un peligro
y en un triunfo o una ruina
se prosiguen sucesivos;
que bienes y males, ya píos, ya impíos
no tienen más fin que tener principio.   305
Con esta ambición heroica
aumentarme solicito
trofeos que me coronen
a los venideros siglos.
Y siendo así que ya tengo   310
aquel primero dominio,
quisiera en una experiencia
ver si el segundo consigo.
Y es que cuando el Hombre vuelva
al estado primitivo   315
de aquella primera gracia,
candor y yugo sencillo,
borrándole el duro yerro
que ya mi esclavo le hizo,
no sé qué ablución de agua,   320
que se ha de llamar bautismo,
me halle con dispuestos medios
que turben sus beneficios,
haciéndole reo de culpa
actual, por si ofendido   325
siquiera una vez el cielo
cerrase el piadoso oído
que al gemido adelantado
le está dictando el gemido
a Dios, que clemente, que fiel, que benigno   330
buscas su memoria por darle tu olvido.
A este efecto, viendo cuanto
su destruición solicito
diversos nombres me dan

de que son fieles testigos   335
tantos sacros textos como
contiene el cerrado libro
de quien habiendo, inmolado
cordero, abierto los signos
son página los arrobos,   340
son éxtasis los registros;
si habla de flores, soy áspid;
si de fieras, basilisco;
si de aves, soy harpía;
si de peces, cocodrilo;   345
si de plantas, soy cicuta;
si de árboles, espino;
si de yerbas, las mortales;
si de frutos, los nocivos;
si de ganados, soy lobo;   350
cizaña, si habla de trigos;
si de contagios, soy lepra;
si de accidentes, delirio;
si de destemplanzas, peste;
si de climas, seno libio;   355
si de vientos, Aquilón;
Leteo, si habla de ríos;
de tormentas, huracán;
de destemplanzas, granizo
y, finalmente, de todo   360
un último parasismo;
de suerte que no hay baldón tan indigno
que como él lo sea deje de ser mío.
Y siendo así que de tantos
infames nombres me miro   365
notada, del que me ofendo
más, más me injurio y me aflijo
es del de bestia de mar,

no tanto porque Juan dijo
que era sobre las espumas 370
aborto de los abismos,
cuanto porque ya que en ellas
monstruo me juzgan marino,
haya ánimo para que
sabiendo que las domino, 375
la atarazana del cielo
esté labrando un navío
para asegurar los mares
y abrir en ellos camino
a un nuevo mundo... Mejor 380
dijera si hubiera dicho
a nuevo cielo, según
fértil, abundante y rico
se deja antever en místico estilo
con sombras de imperio a luces de impírio. 385
A este fin, porque pirata
pueda salirle al camino,
—que también hay quién me dé
este ladrón apellido—
labré esa nave. Dejemos 390
asentado este principio
y vamos a otro en que yo
segunda atención os pido.
El gran doctor de las gentes
con el Hombre hablando dijo: 395
«Hombre de tierra, terreno,
sabe que también ha habido
Hombre de cielo, celeste;
y si tú con albedrío
siendo terreno te unes 400
al celeste, ten creído
que a celeste de terreno

subas, y él agradecido
a terreno de celeste
baje; conque a un tiempo mismo   405
serán en un lazo de hermandad unidos
divino el humano y humano el divino».
Ya estamos en el concepto;
pues a este fin solicito
ver si en esos dos hermanos   410
—que claro está que lo han sido,
pues se hallan en mil lugares,
bien que de partos distintos,
con los nombres de primero
y segundo Adán escritos—   415
pudiésemos cautelarnos
para hallarnos prevenidos
contra tantas sombras, tantas
vislumbres, rasgos y visos
como un maná hilado a copos,   420
un panal nevado a hilos,
un pan de proposición,
un cordero en sacrificio
y, en fin, un Belén, que quiere
decir pósito de trigo   425
previenen en fe de que
el primer bocado mío
tenga su antídoto en otro;
conque habiendo prevenido
por dónde nos viene el riesgo   430
será fácil advertirnos
por dónde salirle al paso.
Y así, pues ya introducidos
tenemos en las distancias
que hay desde la nube al risco   435
primero y segundo Adán,

veamos si nuestro artificio
entre terreno y celeste
halla algún breve resquicio
para que el altivo no   440
solo siga reducido
al humilde, pero que
siga el humilde al altivo;
puesto que más fácil siempre el mundo ha visto,
que no las virtudes, pegarse los vicios.   445

Mundo   No solo en particular
verás cuánto discursivo
velo en sus alcances, pero
en común no habrá nacido
mortal que el mundo no vea   450
a tus pies.

Mercader (Dentro.) ¿Que vas perdido
y sin camino no echas
de ver?

Culpa   ¡Ay de mí! ¿Qué he oído?

Demonio   ¿Qué te asusta?

Culpa   Aquella voz
que en el aire al Mundo dijo   455
que va perdido.

Demonio   No hagas
del acaso vaticinio;
y para que veas que yo
hago della desperdicio
lo que el Mundo iba diciendo   460

	desta manera prosigo:	
	a la mira de los dos	
	siempre andaré tan activo	
	que ambos vengan a ti; pero	
	¿qué mucho cuando es sabido	465
	que no hay camino que no	
	dé en tus manos?	

Hombre (Dentro.)   Sí hay camino;
                   echa tú por aquí.

Culpa   ¿Y esto
                   ha sido acaso?

Lascivia   Sí ha sido;
                   porque ¿cómo puede haber   470
                   quien diga que ni hay ni ha habido
                   camino que a dar no venga
                   a ti?

Mercader   Yo sé lo que digo,
                   y que por donde yo voy
                   está mejor y más limpio.   475

Culpa   Ya esto es mucho acaso.

Lascivia   Sí es,
                   y poco para temido;
                   pues sin hablar con nosotros
                   los dos hablando consigo
                   vienen hacia aquí.

Culpa   Atendamos   480
                   destas ramas escondidos

	por si al propósito nuestro puede importar.	
Los tres	Bien has dicho.	

(Retíranse y salen el Hombre, el Mercader, el Deseo y el Amor.)

Hombre	Ya digo que la mejor senda es esta.	
Mercader	También digo yo que no lo es, sino estotra.	485
Hombre	¿Cómo puede ser si miro que todo por ahí son breñas escabrosas, pues no piso planta que no sea de abrojos, cambrones, zarzas y espinos, cuando por estotra son rosas, claveles y lirios?	490
Mercader	Quizá por eso esta senda va a dar a un ameno sitio, dulce emulación hermosa del vergel del Paraíso y esotra quizá al despeño de algún fatal precipicio.	495
Hombre	¿Quién eso asegura?	
Amor	Yo, que como su Amor le guío.	500
Deseo	También yo, que su Deseo	

soy, a ir por aquí le inclino.

Amor	A ser deseo noble, no fuera villano el vestido.	505

Deseo	No es pobreza, que el deseo aun entre pobres es rico.

Amor	Ya sé que es querer ser más que lo que su suerte quiso propio hábito es de villano.	510

Mercader	Créeme a mí y vente conmigo; verás las medras a que te llevo.

Hombre	¿Cuáles han sido?

Mercader	Las que yo adquirir intento para partirlas contigo. Viendo esa nave...	515

Culpa	Atended.

Mercader	... que sobre campos de vidrio, vago pedazo es de cielo, tan segura que imagino que la nave de aquel templo fundado sobre macizos cimientos de angular piedra no es más seguro edificio... Viendo, pues, digo esa nave pedí al autor que la hizo su gobernalle. Él, piadoso,	520 525

o liberal o benigno,
de mí quiso fiarla, en fe
de que a granjearle me obligo
las soberanas riquezas   530
de un nuevo mundo, en que he oído
que entre otros muchos haberes
hay un tesoro escondido,
preciosa una margarita
y unos frutos de infinito   535
precio, que a ciento por uno
rendirán a fuer de trigo,
en cuyo empleo podremos
quedar honrados y ricos.

Hombre   Bueno es para mi altivez   540
persuadirme al ejercicio
de mercader o factor
de otro; y aunque el serlo es digno
para muchos nobles, no
para el espíritu mío.   545
¿Yo al páramo de las ondas
cuando puedo ir al abrigo
de las ciudades? ¿Yo a ver
tribulaciones, peligros
y tormentas cuando sé   550
que en las delicias del siglo
hay músicas y saraos,
banquetes y regocijos?
Vete tú si tienes esa
aplicación, que yo aspiro   555
a más altos pensamientos,
dueño solo de mí mismo.

Mercader   ¡Ay, que esos no son más altos

sino más desvanecidos!

Hombre	Estos me dicta el Deseo,	560
	a quien voluntario sigo.	
Mercader	A mí estotros el Amor.	
Hombre	Pues partamos el camino;	
	sigue tú el tuyo, que yo	
	volveré a seguir el mío.	565
Mercader	Con dolor lo haré, mas no	
	he de forzar tu albedrío.	
	Dame los brazos, y adiós.	
Hombre	En fin, ¿vas a los precisos	
	riesgos del mar: huracanes,	570
	borrascas y torbellinos?	
Mercader	Teme tú los de la tierra	
	en que también hay bajíos	
	y escollos, en que al través	
	dar suele el más advertido	575
	piloto.	
Hombre	Eso dirá el tiempo.	
Mercader	Pues si el tiempo ha de decirlo,	
	adiós. Ven, Amor.	
Hombre	Adiós.	
	Ven, Deseo.	
Amor	Ya te sigo.	

Deseo	Ya voy tras ti.

Mercader	Aunque de ti	580
	como hermano me despido,	
	quizá volveré a buscarte	
	como hermano y como amigo.	

(Vanse Amor y Mercader.)

Hombre	Poco te habré menester,	
	que quedando yo conmigo	585
	con buen nuevo mundo quedo.	

Culpa	Pues los dos se han dividido	
	fuerza es que nos dividamos	
	nosotros; y así en el sitio	
	donde os convoqué os quedad	590
	a vista dese, advertidos	
	de que nunca su deseo	
	siguiendo sus apetitos	
	deje de instarle; que yo	
	en corso del peregrino	595
	nuevo mercader del mar	
	cumpliendo los apellidos	
	de huracán, pirata y fiera,	
	fiera turbaré a bramidos	
	las ondas; pirata haré	600
	presa en sus tesoros ricos	
	y huracán, en elevados	
	montes de agua, a remolinos	
	de piélagos de aire haré	
	echar a pique el navío.	605

(Vase.)

Lascivia	Ve cierta de que con él quedan sus tres enemigos.
Mundo	Retiraos hasta saber su intento.
Demonio	¿Qué más sabido?

Hombre   Deseo, pues que ya estamos   610
          sin los pesados, prolijos,
          austeros, vanos consejos
          de mi hermano, ¡ea! a esparcirnos
          y desahogarnos de tanto
          triste encerrado retiro,   615
          como en las duras entrañas
          de la tierra hemos tenido
          hasta este día que es
          el primero que hemos visto
          al Sol descubierto.

Deseo   Vamos;   620
          mas para aqueste camino
          ¿qué caudal llevas? Porque
          desnudos y presumidos
          a la corte y sin dineros
          es ir solo a ser mendigos.   625

Hombre   ¿La humana naturaleza
          para comida y vestido
          no dio al Hombre el patrimonio
          de potencias y sentidos
          con que adquirirlo?

Deseo	No son monedas.	630
Hombre	Necio, en sentido alegórico monedas son.	
Deseo	¿Quién fue quien te lo dijo?	
Hombre	No falta porque lo veas a práctica reducido. ¡Ah del centro de la tierra, primer patria de Sentidos!	635
Música (Dentro.)	¿Quién nos busca, quién nos llama?	
Deseo	En música han respondido.	

(En el carro del peñasco.)

Hombre	¿Ahora sabes que es el cuerpo templado instrumento vivo que interiormente está haciendo al alma armonía sin ruido? El Hombre soy.	640
Música	¿Pues qué quieres?	
Hombre	Que ya que dese nativo centro salgo a ver el Sol no haya de ser por resquicios. Ausentarme de tu patria quiero y ver de mi destino	645

	los hados buenos o malos;	650
	y así para este camino	
	como vasallos pretendo	
	que me deis un donativo.	

(Salen los cinco Sentidos, que han de hacer los músicos, y trae la primera una salvilla con un bolso en ella.)

Músicos	Responde, Vista, por todos,	
	pues tú de todos has sido	655
	el sentido principal	
	con que el Hombre al cielo ha visto.	

(Cantado en recitativo.)

Primera	Ya que de nosotros es	
	fuerza que te hayas valido,	
	para que en esta jornada	660
	vayas más noble y más rico	
	en estos cinco talentos	
	por todos te significo	
	lo que ofrecerte podemos,	
	pero ha de ser advertido	665
	que son prestados, no dados,	
	y que a su plazo cumplido	
	a la tierra has de volverlos,	
	obligado en su recibo...	

| Músicos | ...a que estos cinco talentos | 670 |
| | han de ganar otros cinco. | |

Deseo	Tómalos una por una	
	ahora y después al pedirlos	
	ande el pleito.	

Hombre	Claro está.
	¿Conque a pagarlos me obligo 675
	y a granjear con ellos? Yo
	los acepto. ¿Quién testigo
	de su recibo ha de ser?
Primera	El tiempo, que es el ministro
	ante quien no solo pasan 680
	de semejantes registros
	las obligaciones, pero
	aun el juez ejecutivo
	después, de su cumplimiento.
Hombre	Llámale.
Primera	Canta ¡Oh tú sucesivo 685
	reloj de la vida. Oh tú
	veloz curso, que has sabido
	hacer los instantes horas,
	las horas días continuos,
	los días meses y los meses 690
	años, y los años siglos,
	ven a mi voz!

(Sale el Tiempo con una cartera, pluma y papel.)

Tiempo	¿Qué me quieres?
Hombre	Que des fe de que recibo
	aquestos cinco talentos
	y que con ellos me obligo. 695
Tiempo	¿A qué?

35

Hombre	A volverlos doblados siempre que me sean pedidos, pues a daño de perderlos me los dan.
Tiempo	Así lo escribo, y de la entrega doy fe 700 con aquel texto que dijo: «¿De qué te glorías, si no es tuyo lo que has recibido?»
Él y músicos	Y aquestos cinco talentos han de ganar otros cinco. 705
Hombre	Con eso y con que al fin son prestados bienes lo firmo. Deseo, estos talentos toma, pues tú has de distribuirlos.
Deseo	Desde el punto que los vi 710 con grandísimo cariño los miré; ¿mas qué deseo no se va tras un bolsillo?
Hombre	Aun no contento con este caudal, que ya está adquirido, 715 haré la jornada.
Deseo	¿Pues quién más que la tierra ha habido que a ti te socorra?
Hombre	El cielo;

que si de la tierra han sido
los sentidos, porque ella   720
de su materia los hizo,
el cielo ha de dar la forma
al alma.

Deseo   Eso será lindo.

Hombre   Tiempo, ven, por si pidiere
                 otra escritura.

Tiempo   Es preciso   725
                 que si a la tierra te obligas
                 a volver lo recibido
                 de la tierra, que es el cuerpo,
                 hayas de volver lo mismo
                 al cielo cuya es el alma.   730

(Al carro de la nube.)

Hombre   ¡Ah del celeste zafiro,
                 en quien del alma los dotes
                 tienen su sagrado archivo!

(Músicos.)

Coro II   ¿Quién nos busca, quién nos llama?

Deseo   ¿También música?

Hombre   ¿No he dicho   735
                 ya, que esto es dar a entender
                 la organización que ha habido
                 en el templado instrumento

| | de potencias y sentidos? | |
| | El Hombre soy. | |

| Coro II | ¿Pues qué intentas? | 740 |

Hombre	Alejarme determino	
	del centro en que nací, y para
	la jornada necesito
	que me prestéis vuestros dotes.

(Sale la Memoria con una salvilla y en ella un anillo; la Voluntad con otra, y en ella un corazón; el Entendimiento con otra, y en ella un cintillo.)

Voluntad	Entrando sobre ese aviso	745
	de que son dotes prestados
	y que has de restituirlos,
	según el Tiempo presente,
	yo la primera te asisto.

| Hombre | ¿Quién eres? | |

Voluntad	La Voluntad,	750
	que es la que desde más niño
	asiste al Hombre, pues no hay
	infancia sin apetito.
	Y para significar
	la dádiva mía, me explico	755
	en aqueste corazón,
	que sobre ser el principio
	de la vida también es
	de la voluntad indicio.

| Músicos | Y ten entendido | 760 |
| | que donde no hay voluntad no hay delito. |

38

Memoria	Yo que la Memoria soy,
	siguiendo a la edad su estilo,
	si ella en ese corazón
	el principio te ha ofrecido
	de la vida, yo en aquestas
	memorias el fin te intimo;
	pues aunque viva el primero
	el corazón y rendido
	muera el último, al fin muere,
	y así yo en mi don te aplico
	al dedo del corazón
	las memorias deste anillo.

Memoria
Yo que la Memoria soy,
siguiendo a la edad su estilo,
si ella en ese corazón
el principio te ha ofrecido   765
de la vida, yo en aquestas
memorias el fin te intimo;
pues aunque viva el primero
el corazón y rendido
muera el último, al fin muere,   770
y así yo en mi don te aplico
al dedo del corazón
las memorias deste anillo.

Músicos
Y ten entendido
que están en tu mano virtudes y vicios.   775

Entendimiento
Yo que en más perfecta edad
soy el que a ambas encamino
con la luz de la razón
al uso del albedrío,
pues siendo el Entendimiento   780
soy el que las ilumino,
también en adorno tuyo
mi don te ofrezco. Este rico
círculo toma, que es
para el sombrero un cintillo   785
que te ciña la cabeza
por ser la región del juicio.
Y cree, si cinco talentos
fueron tus cinco sentidos
y tus tres potencias tres   790
que valen lo que los cinco,
que te doy uno que vale

según su precio infinito
lo que los cinco y los tres,
de que has en el finiquito,   795
al ajustar de la cuenta
de lo que hayas adquirido,
de traer ganado en el uno
lo que en los tres y los cinco.

Músicos   Y ten entendido   800
                 que vale un talento los tres y los cinco.

Entendimiento   Y pues vas de nuestros dones
                 ya adornado y guarnecido
                 y nosotros explicados
                 en ellos vamos contigo,   805
                 parte en paz.

Hombre   Vamos, Deseo,
                 a alhajarnos y vestirnos.

Deseo   ¿No dirás «y a regalarnos»?

Hombre   Para todo va adquirido
                 bastante precio.

Entendimiento   Sí va,   810
                 mas no hagas dél desperdicio.

Músicos y todos Y ten entendido...

Hombre   Ya tengo entendido.

Él y músicos   ...que donde no hay voluntad no hay delito.

Todos	Y ten entendido...
Hombre	Ya tengo entendido.
Él y músicos	...que están en mi mano virtudes y vicios.

815

Todos	Y ten entendido...
Hombre	Ya tengo entendido.
Todos	...que vale un talento los tres y los cinco.

(Vanse y salen los tres.)

Mundo   Puesto que intelectualmente
sus dádivas hemos visto
no de vista le perdamos.   820

Lascivia   Vamos a buscar arbitrios
con que enajenarle dellas.

Demonio   En uno que ya imagino
yo le haré tu amigo, Mundo.

Mundo   ¿Cuándo tú no hiciste amigo   825
del mundo al Hombre?

Lascivia   Yo iré
también a inventar caminos,
valida de mi hermosura
antes, después de mi hechizo,
que destruyan sus caudales.   830

Los tres   Muera, aunque lleve entendido...

41

| Ellos y músicos | ...que donde no hay voluntad no hay delito, que están en su mano virtudes y vicios, y vale un talento los tres y los cinco. | |

(Suena en la nave blanca un clarín, y dando vuelta se ven en ella el Mercader, y otros de marineros, y el Amor.)

Mercader	Suene el clarín y al aliento	835
	del aura esta nave bella,	
	siendo a su vuelo y su huella	
	selva el agua y golfo el viento,	
	vire al mar sin que el tormento	
	de sus peligros impida	840
	los empleos de mi vida;	
	pues por más que contrastada	
	llegue a verse zozobrada	
	no ha de verse sumergida.	

Amor	Claro está; que el padecer	845
	no ha de quitarla el triunfar,	
	siendo la estrella del mar	
	su norte al amanecer,	
	y más cuando llego a ver	
	que al primer sulco que yerra	850
	las negras sombras destierra,	
	dando angélicas criaturas...	

| Él y músicos | ...gloria a Dios en las alturas y paz al Hombre en la tierra. | |

(El clarín, y dando vuelta sale la Culpa.)

| Culpa | ¿Qué salva es la que he escuchado | 855 |

que temer me hace y dudar
cuando el mercader al mar
primero que yo ha llegado?
¿Quién pudo haber embargado
mi velocidad? No sé;   860
mas sé que una niebla fue
la que puso a mi despecho
un áspid de fuego al pecho
y un grillo de nieve al pie.
¿Qué querrá significar   865
esta embarcación, que el vella
no se me permitió y della
aun apenas escuchar
a lo lejos?

(El clarín, y vuelta la nave.)

Mercader   Vira al mar
                  que ya de sulcar es hora.   870

Culpa   El Sol sus flámulas dora
                  y haciendo a la nave salva
                  nuevos pájaros del alba
                  son clarines de su aurora.
                  ¿Qué rumbo tomaré?

Mercader   Pon   875
                  la proa, Amor, primeramente
                  en el Asia hacia el oriente,
                  luego hacia el septentrión
                  en la África; y aunque son
                  al poniente sus extremos   880
                  vista al América demos,
                  desde donde la voz mía

43

oiga Europa al mediodía,
que es bien que al Sol imitemos
porque siendo mi farol 885
luz del mundo en razón fundo
el que alumbre a todo el mundo
esparciendo su arrebol
por toda la edad del Sol.

Amor   Parte su ámbito no encierra, 890
que haciendo al abismo guerra
no repita en voces puras...

Música   ...gloria a Dios en las alturas
y paz al Hombre en la tierra.

(El clarín y vuelta; quítanse los de la nave dejándola de costado.)

Culpa   Aunque ansia, rabia y furor 895
me infundas, ¡oh nave bella!,
siendo tu norte la estrella
del mar, tu piloto Amor,
a pique echará mi horror
el fruto que en ti se encierra 900
por más que el cielo y la tierra
digan en blandas dulzuras...

Hombre (Dentro.)   Entre aquestas peñas duras
y a la falda desta sierra,
Deseo, te esperaré; 905
adelántate entre tanto.

Deseo   ¿Cuándo yo no me adelanto?

Culpa   No en vano aquesta voz fue

44

alivio destotra, en fe
de que a dos genios atenta   910
cobre mi nave y no sienta
mientras mi horror no le alcanza
que goce el uno bonanza
pues corre el otro tormenta.

(Vase y sale el Hombre y el Deseo, de gala con las joyas.)

Hombre   Adelántate, Deseo,   915
                    digo otra vez.

Deseo   También yo
                    otra y mil que ¿cuándo no
                    me adelanto?

Hombre   Bien lo creo.
                    La causa es que aunque me veo
                    alhajado y guarnecido   920
                    de joyas y de vestido,
                    en la corte no he de entrar
                    hasta volverme a avisar
                    de que me hayas prevenido
                    casa, alhajas y criados;   925
                    pues para sus cumplimientos
                    llevas los cinco talentos
                    a tu buen gusto fiados.

Deseo   Pierde, señor, los cuidados
                    que yo haré dellos empleo   930
                    que todo tu devaneo
                    por bien servido se dé,
                    pues yo te los emplearé
                    a medida del deseo.

(Vase.)

Hombre Desde el punto que se fue 935
no hay discurso que me asombre.
¡Qué descansado está el Hombre
que sin deseo se ve!
Dígalo yo, puesto que
sin él alegre y contento 940
a solo mi gusto atento
ningún cuidado me aqueja,
bien que aunque el deseo me deja
no me deja el pensamiento.
¡Qué de cosas en la idea 945
me representa a lo lejos
de músicas y banquetes,
holguras y pasatiempos!
Deje de pisar espinas
quien puede con mejor tiento 950
pisar rosas; deje de ir
a merced de ondas y vientos
quien puede a merced de auras
y flores sulcar amenos
campos adonde aun lo bruto 955
es hermoso. Este desierto
lo diga, pues desde él ya
estoy gozando festejos,
que en su fantástica escena
me representa el inmenso 960
autor de una compañía
que forman los elementos.
Vivir por ver se intitula
la comedia, en que el ingenio
divino, poeta hizo 965

tales trazas, tales versos
y tales engaños que
el vago vulgo del pueblo
deleitándose de oírlos
otra vez está pidiendo   970
—como a manera de aplauso
en susurro de silencio—
a las flores los amores
y a los pájaros los celos.
La tierra llena de galas,   975
el aire de plumas lleno
son dama y galán: ¿qué mucho
si siempre en su farsa fueron
tierra el papel de la dama
y el papel del galán viento?   980
Allí el del gracioso hace
despeñado un arroyuelo
que murmurando de todo
cree que es gracia el que es despeño.
Cubierto de nieve el monte   985
hace el papel de los viejos,
siendo aunque se ve caduco
en nunca mudarse cuerdo.
¡Qué pinturas tan hermosas
de perspectivas y lejos   990
en sus apariencias hace
la transmutación del tiempo!
¡Con qué varia emulación
montes y mares fingiendo
se oponen el desaliño   995
de las breñas y el aseo
de los jardines, en quien
las fuentes corren sirviendo
a los coros de las aves

de músicos instrumentos!   1000
¿Más apacible camino
no es este que el de ir siguiendo
senda que apenas la piso
cuando la borro? Y más viendo
poblaciones que a lo largo   1005
se descubren compitiendo
en dorados chapiteles
a los dorados reflejos
del Sol bien como pedazos
caídos del firmamento.   1010
¿Cómo sus gentes serán?
¿Cómo serán sus comercios?
¿Cómo sus galas, sus usos?
Sin duda que estás, Deseo,
previniéndome gran casa   1015
pues me haces estos acuerdos.
¿Por qué vereda echaré
para salirte al encuentro,
que por presto que me halles
no ha de parecerme presto?   1020
Aquesta elijo.

(Sale la Lascivia, como asustada.)

Lascivia   Detente,
                    ignorante pasajero,
                    no por esta senda vayas.

Hombre   ¿Quién eres, prodigio bello,
                    rémora de hados, pues paras   1025
                    la planta y el pensamiento?

Lascivia   Quien de tu riesgo te avisa

por asegurar su riesgo.
Todo este monte ¡ay de mí!
poblado de bandoleros   1030
está, siendo todo estragos,
todo muertes, todo incendios.
Si eres, como muestras, noble,
favorézcame tu esfuerzo,
ampáreme tu valor   1035
y socórrame tu aliento.
La vida pido a tus plantas.

Hombre   ¿Quién eres, otra vez vuelvo
a preguntarte, prodigio
de tan contrarios afectos   1040
que cuando pides la vida
das la muerte?

Lascivia   Hablar no puedo,
que a un tiempo cansancio y susto
me han embargado el aliento.
De esa gran corte del mundo,   1045
a quien idiomas diversos,
diversas gentes y tratos
el heroico nombre dieron
de Babilonia, hija soy
—en esto solo no miento   1050
pues hija es de Babilonia
la confusión de mi pecho—.
Habiendo de ella salido
hoy con el aurora a efecto
de divertir el día en una   1055
hermosa quinta que tengo
en la falda de ese monte,
de su emboscada salieron

los bandidos, por quien ya
dije ser teatro funesto   1060
de lástimas y desdichas,
de penas y sentimientos.
Huyó mi familia y yo
prisionera de mi miedo
antes, y después de dos   1065
los más principales de ellos,
quedé, con que ambos rendidos
a mi hermosura —bien puedo
sin que sea vanidad
el presumir que la tengo   1070
cuando ¡ay infelice!... cuando
traidora contra su dueño
no es gracia, sino peligro,
no es perfección, sino riesgo—
sobre cuál había de ser   1075
mi cruel tirano dueño
a las armas apelaron,
en cuyo reñido duelo
pude entregada a la fuga
gozar de su contratiempo.   1080
Y pues a las ansias mías
piadoso responde el cielo
sostituyendo el favor
en ti, que al fin sus decretos,
aunque son primeras causas   1085
siempre usan segundos medios,
a tus pies te pido no
me desampares, poniendo
en salvo... Mas ¡ay de mí!
que desmayado el aliento,   1090
fallecida la voz, muda
la lengua, los labios yertos,

torpes las manos, heladas
las venas, cerrado el pecho,
enflaquecida la vista,   1095
y entre uno y otro extremo
cadáver para el sentido
y no para el sentimiento,
no puedo hablar. En tus brazos
me recibe, ya que leño   1100
frágil escapé del golfo
a zozobrar en el puerto.

(Reclínase en sus brazos y mientras él está representando, ella le quita el corazón del pecho.)

Hombre   Muerta beldad a quien llego
                  a recibir en mis brazos
                  ¿cómo son yelo tus lazos   1105
                  si el nudo que dan es fuego?
                  ¿Cómo cuando absorto y ciego
                  nieve es lo que estoy tocando
                  brasas siento? Y ¿cómo cuando
                  darte socorro pretendo   1110
                  quieres que responda ardiendo
                  puerta a que llamas temblando?
                  Mas ¡ay! que tal vez neutral
                  al acero considero,
                  pues estando frío el acero   1115
                  da fuego en el pedernal.
                  Bien en mi experiencia igual
                  a igual efecto me llama,
                  pues cuando el pecho me inflama
                  eslabón es tu albedrío   1120
                  que en ti se ha quedado frío
                  y en mí ha encendido la llama.

Leño que empieza a ser brasa
cuando el fuego le devora
por el un extremo llora   1125
y por el otro se abrasa;
esto mismo a los dos pasa,
pues cuando el incendio temo
somos uno y otro extremo
los dos, y así al mismo paso   1130
que tú tiemblas, yo me abraso
y que tú lloras, me quemo.
Cobrar mi deseo quería
y cuando tu beldad veo
pienso que eres mi deseo,   1135
pues ya estoy sin la agonía
que de esperarle tenía.
Vuelve en ti, dulce o cruel
hechizo, luz fiel o infiel,
y si le has visto me di,   1140
porque yo no sé de mí
o eres tú quien sabe dél.

Lascivia (Furiosa.)   Claro está que he de ser yo
                      quien dél sepa.

Hombre   ¿Cómo es esto?
                      ¿Furiosa en ti vuelves?

Lascivia   Sí.   1145

Hombre   ¿Qué te obliga?

Lascivia   Tu desprecio.

Hombre   ¿Desprecio yo?

Lascivia	¿El que en sus brazos llegó a verme ha de echar menos al Deseo?
Hombre	¿Por qué no?
Lascivia	Porque a quien mi vida entrego 1150 para que guarde mi vida no ha de tener otro afecto ni deseo ha de tener aun para tener deseo.
Hombre	Antes sí, pues para amarte 1155 desear amarte es el medio.
Lascivia	Desear amar no es amar, y va perdido aquel tiempo que deseando amar no ama; y así de tu error me ofendo, 1160 y no quiero tu socorro que no puede de un grosero hacerse un fino.
Hombre	Detente.
Lascivia	No, no me sigas.
Hombre	Mal puedo dejar de seguirte cuando 1165 el reclinarte en mi pecho fue abrasarme el corazón y aun robármele, pues veo que dél me falta.

Lascivia	No intentes
	cobrarle.
Hombre	¿Cómo no, siendo 1170
	hurto y no dádiva?
Lascivia (Yéndose.)	Yo
	le haré dádiva; y pues tengo
	ya el don de la Voluntad,
	esforzad mi industria puesto
	que a Mundo y Demonio tocan 1175
	Memoria y Entendimiento.

(Vase y sale el Deseo.)

Hombre	Oye, escucha, espera.
Deseo	No
	dirás que veloz no vuelvo
	a hallarte.
Hombre	¿Qué importa, ¡ay triste!,
	si donde me hallas me pierdo? 1180
Deseo	¿Cómo?
Hombre	No sé, pues sé solo
	que de dos veces me has muerto;
	antes porque no te tuve
	y agora porque te tengo.
	¿Por dónde una dama va 1185
	que con traidor fingimiento
	me ha robado el corazón?

Deseo	Las más damas tienen eso; hacia allí va una.
Hombre	A alcanzarla ven conmigo.
Deseo	Es vano intento.

1190

Hombre	¿Por qué?
Deseo	Porque a damas que huyen no las alcanza el deseo.
Hombre	Tras ella iré.

(Sale el Demonio de bandolero con otros.)

Demonio	¿Dónde vas miserable pasajero?
Hombre	Donde me lleva el destino de mis fortunas.

1195

Demonio	Primero que el paso adelantes rinde las joyas y los talentos que contigo llevas.
Deseo	¡Malo!
Hombre	Los talentos que yo llevo y las joyas no se rinden a las violencias del miedo,

1200

	y pues tú no has de llevarlas	
	si yo no te las entrego,	
	defenderlas mi valor	1205
	sabrá a todo trance.	

Deseo   ¡Bueno!

Demonio   ¿El peligro de tu vida
                 no temes?

Hombre   Yo nada temo.

Demonio   Muera a nuestras manos.

Deseo   ¡Malo!

Mundo (Dentro.) Hacia allí es el ruido.

Deseo   ¡Bueno!   1210

(Sale el Mundo.)

Mundo   ¿Tantos a uno? A vuestro lado
                 estoy.

Hombre   Con el favor vuestro
                 todos son pocos.

Demonio   Huyamos,
                 pues ya conseguido habemos
                 dejar empeñado al Hombre   1215
                 por astucias de mi ingenio
                 a ser amigo del Mundo.

(Vanse Demonio y gente.)

Hombre   No huyáis traidores.

Mundo   Teneos;
                no los sigáis pues que huyen.

Hombre   No lo dejaré por eso   1220
                sino porque agradecido
                veáis que a vuestras plantas puesto
                me reconozco deudor
                de la vida, pues es cierto
                que si vuestro gran valor   1225
                no llegara con esfuerzo
                tal que dio a entender que en vos
                venía todo el mundo entero
                en mi amparo, falleciera
                a sus manos.

Mundo   Nada en eso   1230
                hice por vos, que en el noble
                obra el valor por sí mesmo.
                ¿Quién sois y dónde vais?

Hombre   Soy
                un peregrino extranjero
                que voy a solo ver mundo   1235
                y he visto harto en un momento.

Mundo   ¿Cómo?

Hombre   Como al primer paso
                un raro prodigio bello
                me ha robado el corazón,

	me ha querido un bandolero	1240
	robar la vida y el alma	
	vos, y aun robádola, puesto	
	que ya para esclava vuestra	
	queda en mi agradecimiento.	
Mundo	Parece que estáis herido.	1245
Hombre	En esta mano, en que tengo	
	memorias de ser mortal,	
	no sin providencia el cielo	
	en pequeño riesgo dando	
	avisos de mayor riesgo,	1250
	ha querido que me haga	
	la sangre segundo acuerdo;	
	pero no hay de qué hacer caso	
	que nada es.	
Mundo [Aparte.]	No es malo esto	
	de que haga desperdicio	1255
[A él.]	del aviso. Con todo eso	
	podrá ser algo si no	
	se acude al reparo presto	
	y así mientras no llegamos	
	a la ciudad este lienzo	1260
	será bien que en ella os ate;	
	llegad.	
Hombre	Mucho es lo que os debo.	
Deseo	En toda mi vida vi	
	tan honrado caballero.	
Mundo	Porque al apretar el nudo	1265

                              no os lastime entre los dedos
                              el anillo a esotra mano
                              le pasad

Hombre   Mudarle intento
                              a otra, pero no a la mía
                              sino a la vuestra pidiéndoos   1270
                              me perdonéis y en mi nombre
                              le traigáis.

Mundo   Ese es exceso
                              que no he de aceptar.

Hombre   Mirad
                              que no admitir tan pequeño
                              don sin ser exceso en mí   1275
                              vendrá en vos a ser desprecio.

Mundo   Porque no le deis tal nombre
                              y por anillo le acepto,
                              que la antigüedad solía
                              al jurar dos el estrecho   1280
                              homenaje de alianza
                              darse anillos, con que puedo
                              tomarle con mejor aire.
(Aparte.)   (Mortal, mira si el intento
                              de quitarte las memorias   1285
                              de la muerte el Mundo, es cierto.)
                              ¿Adónde es vuestra posada
                              (lo que sé pregunto, pero
                              para la deshecha importa)
                              que a ella acompañaros quiero,   1290
                              no digan de mí que os libro
                              de un daño y que en otro os dejo.

Hombre	Aun yo no la sé, porque
	soy en este país tan nuevo
	que a prevenir hospedaje	1295
	adelanté a mi Deseo
	y él no ha tenido lugar
	desde que a mi vista ha vuelto
	de decirme dónde tiene
	prevenido el aposento.	1300

Hombre   Aun yo no la sé, porque
          soy en este país tan nuevo
          que a prevenir hospedaje   1295
          adelanté a mi Deseo
          y él no ha tenido lugar
          desde que a mi vista ha vuelto
          de decirme dónde tiene
          prevenido el aposento.   1300

Deseo   Harto estaba yo deseando
          que se llegase este tiempo
          de hablar en él por las gracias
          que has de darme del empleo
          que, en la mejor hostería   1305
          del mundo, en un cuarto bello
          sobre unos jardines, hice
          de todos cinco talentos.
          Sígueme y en el camino
          lo oirás.

(Paseando el tablado.)

Hombre   Di, pues.

Deseo   Lo primero   1310
          el de la vista empleé
          en pinturas y en espejos;
          el del olfato en perfumes;
          el del tacto en blandos lechos;
          el del gusto en generosos   1315
          vinos y manjares; luego
          el del oído en criadas
          y criados, todos diestros

60

	músicos, y sobre todo	
	solo te alabo el portento	1320
	de su hostalera, que así	
	en mil amorosos versos	
	por su hermosura y su voz	
	hay quien la llame; en efeto,	
	ella por ver a su huésped	1325
	y ellos por ver a su dueño,	
	todos te están esperando	
	festivamente contentos.	
Hombre	¿Qué os parece cuán a gusto	
	ha sabido mi Deseo	1330
	aposentarme?	
Mundo	Y al mío.	
Deseo	Venid, pues por aquí... pero	
	al entrar en la ciudad,	
	gran corte del universo,	
	en su grande Babilonia	1335
	que el tino he perdido pienso.	
	Volved por estotra parte;	
	tampoco es por aquí. ¡Cielos!,	
	¿si enajenó mi memoria	
	mi amo con la suya?	
Hombre	Necio,	1340
	¿no aciertas con la posada?	
Deseo	Que voy perdido confieso.	
Mundo (Aparte.)	Y cómo que vas perdido... (significándose en esto	

que en robando el corazón   1345
la Lascivia al Hombre, luego
el Hombre da las memorias
de la muerte al Mundo a efecto
de que el Mundo le encamine
al logro de su deseo).   1350
Dame unas señas, quizá
ya que perdido te veo
por ellas podré guiarte.

Deseo   Si es que yo de algo me acuerdo
               la hostería por empresa   1355
               que llama a los pasajeros
               tiene una sirena.

Mundo   Ya
               sé cuál es, y no está lejos,
               pues casi a su puerta estamos.

(Dentro instrumentos.)

Deseo   Y si no mienten los ecos   1360
               para tu venida están
               templando los instrumentos.

Mundo   Y aun deben de habernos visto,
               pues sin llamar han abierto
               esperando a sus umbrales   1365
               a recibirnos diciendo:

Música   Venga en hora dichosa, huésped y dueño,
               el que dueño y huésped traen sus talentos
               a que viva a medida de su deseo.

(Salen los Músicos y, entre ellos, el Demonio, y luego la Lascivia, hablando los dos aparte.)

Demonio	Lascivia.	
Lascivia	Nada me digas.	1370
Demonio	¿Cómo no acordarte puedo	
	que ya que en estos palacios	
	que he fabricado en el viento	
	está el Hombre sin memorias	
	de la muerte, y en sus bellos	1375
	jardines somos los dos	
	en sus flores encubiertos	
	el basilisco y el áspid,	
	que David dijo en sus versos?	
	¿A la vista del encanto	1380
	dejar de acordarte puedo	
	que uses tu hechizo sin que	
	te olvides de mi veneno?	
Lascivia	Como para mi memoria	
	está de más el acuerdo,	1385
	si quieres verlo haz que sigan	
	tus sombras a mis acentos.	
Músicos	Venga en hora dichosa, huésped y dueño,	
	el que dueño y huésped traen sus talentos	
	a que viva a medida de su deseo.	1390
Hombre	¡Cielos, qué es lo que mirando	
	estoy, que absorto y suspenso	
	no sé de mí? Éste es aquel	
	hermoso tirano dueño	

	del robado corazón.	1395
	¿Dónde —a discurrir no acierto	
	sin mi pensamiento— habéis	
	guiado a mi pensamiento?	
Mundo y música	Donde viva a medida de su deseo.	
Mundo	Y ya que en vuestro hospedaje	1400
	quedáis con razón me ausento,	
	pues aunque yo fuera el Mundo	
	a la vista de ese cielo	
	no os hiciera falta el día	
	que a vuestra esperanza dejo.	1405
Él y músicos	Donde viva a medida de su deseo.	
(Vase.)		
Lascivia		
(Representando.)	En hora dichosa vengas,	
	ioh generoso, oh ilustre	
	racional huésped del orbe,	
	que sus ámbitos discurres	1410
(Cantando.)	a no malograr sentidos que escuchen,	
	que vean, que toquen, que huelan y gusten.	
Músicos (Repiten.)	A no malograr sentidos que escuchen,	
	que vean, que toquen, que huelan y gusten.	
Lascivia		
(Representando.)	En hora dichosa vengas	1415
	a mi albergue, donde uses	
	de la gran naturaleza	
	los dotes sin que te usurpen	

(Cantando.)	austeros retiros de senos lugubres
	que al Hombre le sean los bienes comunes. 1420
Músicos	Austeros retiros de senos lugubres
	que al Hombre le sean los bienes comunes.
Lascivia	
(Representando.)	Aquí los cinco talentos
	que el deseo distribuye
	verás cuán bien empleados 1425
	con sus cinco objetos cumplen
(Cantando.)	haciendo porque no vivas inútil
	que vean, que toquen, que huelan y gusten.
Músicos	Haciendo porque no vivas inútil
	que vean, que toquen, que huelan y gusten. 1430
Lascivia	
(Representando.)	Los espejos te retraten
	porque tu vista te adule
	y en países y en vergeles
	arte y natural dibujen
(Cantando.)	ya en verdes esferas, ya en campos azules 1435
	luces que sean sombras, sombras que sean luces.
Músicos	Ya en verdes esferas, ya en campos azules
	luces que sean sombras, sombras que sean luces.
Lascivia	
(Representando.)	El hibleo, sus panales
	hilados al Sol tribute; 1440
	el sabeo sus aromas
	al Sol quemadas ahúme

Cantando para que sabores mezclando y perfumes
en dos suavidades ignores la dulce.

Músicos   Para que sabores mezclando y perfumes   1445
                           en dos suavidades ignores la dulce.

Lascivia
(Representando.)   El tacto el catre es de pluma,
                           que el aura a suspiros mulle
                           y el céfiro halaga a soplos,
                           reclinado te asegure   1450
(Cantando.)   de que ya el deseo con sus inquietudes
                           dormido te aflija y despierto te asuste.

Músicos   De que ya el deseo con sus inquietudes
                           dormido te aflija y despierto te asuste.

Lascivia
(Representando.)   A las pronunciadas voces   1455
                           de blandas músicas junten
                           sus no pronunciadas solfas
                           las aves, siendo a su numen
(Cantando.)   hojas que resuenen, fuentes que murmuren,
                           cítaras y arpas, tiorbas y laúdes.   1460

Músicos   Hojas que resuenen, fuentes que murmuren,
                           cítaras y arpas, tiorbas y laúdes.

Lascivia
(Representando.)   Conque a mi hospedaje, que bienes presume...

Ella y músicos   ... a no malograr sentidos que escuchen,
                           que vean, que toquen, que huelan y gusten.   1465

Lascivia

(Representando.) Goza, pues, de tus talentos
los precios sin que te angustie
el verme por presumir
que yo tu corazón hurte
para quedarme con él,   1470
que si conmigo le truje
fue en castigo de que cuando
en mi socorro te busque
aunque fuese por acaso
el que tus brazos ocupe   1475
eches menos al deseo
y a mí por él me preguntes.
¿A quien me vio en ellos queda
qué desear? Mal atribuyes
a hurto el castigo, pues fuera   1480
de mi vanidad deslustre
que tú triunfes della y yo
de tu corazón no triunfe.
Y así peregrino huésped
ya que el hado te reduce   1485
a pisar estos umbrales
su pérdida no te asuste,
pues para que goces libre
las altas solicitudes
de ver al mundo sin que   1490
verle sin él te disguste,
la mano es que te le quita
la que te le restituye,
porque a mi florido albergue
que hayas venido no dudes.   1495

Ella y músicos   A no malograr sentidos que escuchen,

que vean, que toquen, que huelan y gusten.

Hombre	No en vano, hermoso prodigio,
	la divisa que conduce
	al pasajero a tus puertas 1500
	en jeroglífico incluye
	la imagen de la sirena,
	que en sus láminas se esculpe
	diciéndole desde luego
	el peligro a que le induce 1505
	la suavidad con que atraes
	y la esquivez con que huyes.
	El corazón que me ofreces,
	permíteme que rehúse
	aceptarle, porque ya 1510
	es forzoso que se injurie
	de que le quite tal dueño,
	pues cuando él no lo repugne
	y atento a su gran lealtad
	cobrar el suyo procure 1515
	negaré yo que lo soy
	porque de mí no se juzgue
	que haciendo él una fineza
	le haga yo una pesadumbre.

Lascivia	¿Para qué le quiero yo? 1520
(Aparte.)	Bien deste ceño se arguye
	que nunca vencí con gozos
	a quien con pesares pude.
	Tómale, pues.

Hombre	Será en vano;
	que no quiero que me acuses 1525
	segunda vez de grosero

	sin que enmiende o disimule	
	lo noble de darle yo	
	lo vil de que tú le hurtes.	
Lascivia	¿De modo que voluntario	1530
	es ya mío?	
Hombre	No lo dudes.	
Lascivia	Pues tampoco yo he de hacer	

Lascivia   Pues tampoco yo he de hacer
                ya que tú a la enmienda acudes
                pesadumbre la fineza;
                y porque a entrambos sea útil   1535
                viva en ti y anime en mí;
                y vosotros, porque anuncien
                vuestras voces que el amor,
                que dos corazones une,
                consiguió que por vencidas   1540
                se den mis ingratitudes
                repetid vuestras canciones.
(Al Demonio.)   Y tú, mientras él discurre
                conmigo aquesos jardines
                donde prevenir dispuse   1545
                las mesas, en cuya mesa
                más nobles manjares guste,
                trae, porque alivie el cansancio
                del camino, frutas, dulces
                y bebidas.

Demonio   Voy por ellas.   1550
                ¡Oh cuánto campo descubre
                ver que primero y segundo
                Adán la Culpa introduce
                en su alegórica idea,

	y que en su escena se junten	1555
	jardín, Hombre, fruta y áspid	
	para que yo conjeture	
	en qué pararán las sombras	
	destas lejanas vislumbres!	

(Vase.)

Lascivia	Ven, pues, ven adonde veas	1560
	la pompa, el fausto y el lustre	
	a que te trujo el Deseo.	

Deseo	No fui yo, no, el que le truje	
	sino el que quiso traerle	
	al ver cuán perdido anduve	1565
	hasta dar con tu hospedaje.	

| Hombre | ¿Que habrá que ver no renuncie | |
| | quien ya te vio? | |

| Lascivia | Ven, Deseo. | |

Hombre	No vengas tal, ni me culpes	
	tú echarle menos, pues ya	1570
	me sobra.	

Deseo	Nadie me cumple	
	que no me falte, que al fin	
	deseo cumplido, inútil	
	alhaja es.	

Lascivia	Volved vosotros	
	a que los ecos divulguen	1575
	mi felicidad.	

Hombre	La mía no diré yo que pronuncien, que no es capaz de la voz por más que el eco articule.
Músicos	En hora dichosa venga 1580 el generoso, el ilustre racional huésped del orbe, que sus ámbitos discurre a no malograr sentidos que escuchen, que vean, que toquen, que huelan y gusten. 1585

(Al entrarse salen el Demonio con una copa dorada y el Mundo de villano con un azafate de frutas.)

Demonio	Aquí lo que me mandaste truje.
Mundo	Siendo yo el que disfrazado traidor amigo dispuse que mis entrañas las frutas, 1590 el oro y cristal tributen.
Lascivia	Supuesto que como dije no hay cosa que más angustie que la sed al caminante bien a repararla acuden 1595 de mi primer agasajo las finas solicitudes. Toma y bebe.

(Toma la salva.)

Hombre	Que la copa	
	sirva el cristal es costumbre	
	que ya se vio, pero no	1600
	se vio que de oficio muden	
	y sirva el cristal la copa.	
Lascivia	Como eso el afecto suple,	
	demás que a fuer de hostalera	
	—que así hay quien me intitule—	1605
	servir al huésped me toca.	
Hombre	La baja voz me disculpe	
	del servir para que yo	
	al irla a tomar me turbe.	
Lascivia	Pues tómala por favor	1610
	ya que no por servidumbre.	
Hombre	Tanto mejoras la frase	
	que obligas a que la mude	
(Bebe.)	en obediencia. Mas, cielos,	
	¿qué mortal veneno infunde	1615
	en mí esta bebida que	
	al labio apenas la puse	
	cuando corrió al corazón	
	que solo para eso tuve?	
Lascivia	¿Qué veneno ha de ser? Es	1620
	el que en su aliento produce	
	la hidra por siete bocas	
	que humo exhalan, fuego escupen.	
Demonio	Su sangre has bebido; que esa	
	dorada copa que truje	1625

	aquella es con que brindando	
	ramera mujer discurre	
	el mundo	

Mundo   Y el Mundo quien
           a este albergue te introduce
           fingido amigo, porque   1630
           ser el Hombre sin virtudes
           del Mundo amigo, de Dios
           ser enemigo resulte.

Hombre   ¡Ay infelice de mí!
           que aunque quejarme procure   1635
           de que el amigo me ultraje
           y la sirena me injurie
           no puedo, porque el furor,
           la ira, la rabia, confunden
           tanto mis sentidos, tanto   1640
           mis potencias destituyen
           que con la luz del Sol todo
           me falta, todo me huye,
           sino sola la razón
           porque a par del dolor dure.   1645

(Cae en brazos del Demonio.)

Demonio   Aun esa no ha de quedarte
            que pues de tu error se arguye
            que de ambos heridos sean
            mis lazos los que te anuden,
            ya en mi poder será fuerza   1650
            porque de ella no te ayudes
            que yo de tu entendimiento
            también la joya te usurpe.

                              Y pues sus cinco sentidos
                              su deseo le destruye   1655

(Déjale caer desmayado.)

                              y los tres sus tres potencias
                              con que sin pompa y sin lustre
                              deshecho y postrado yace
                              en veloz ruina caduque
                              este alcázar que tu hechizo   1660
                              quiso que mi magia funde.

(Terremoto dentro.)

Lascivia   Dices bien, y porque más
                              si vuelve en sí se perturbe
                              el estallido le asombre,
                              le estremezca y le atribule,   1665
                              al compás de sus estruendos
                              diversas voces inunden
                              el aire diciendo a un tiempo:

Todos y músicos   Valles, montes, selvas, cumbres,
                              que Hombre en pecado no solo   1670
                              bruto es, que no discurre,
                              pero ídolo inmóvil, que ni hable, ni escuche,
                              ni vea, ni toque, ni huela, ni guste.

(El terremoto y las voces todo junto, yéndose todos, y saliendo el Tiempo
como asustado.)

Tiempo   ¿«Hombre en pecado no solo
                              bruto es, que no discurre,   1675
                              pero ídolo inmóvil, que ni hable, ni escuche,

ni vea, ni toque, ni huela, ni guste»?
¿Qué tiempo habrá sin dolor
al oír cómo lloraba
David cuando lamentaba   1680
la muerte del pecador?
Bruto, ídolo, le llama.
¡Ay de ti, si cuando va
el Tiempo en su alcance está
en ese estado su fama!   1685
Pero ¿en quién ha tropezado
de mi pie la veloz huella?

(Tropieza en el Hombre y él vuelve en sí asombrado.)

Hombre   ¿Quién mi altivez atropella,
                    por deshecho, por postrado
                    que me tenga mi cruel   1690
                    fortuna? ¿Quién eres, di?

Tiempo   El Tiempo que cayó en ti
                    porque tú no has caído en él
                    según hoy tan otro estás
                    de lo que otra vez te vi.   1695

Hombre   ¿Que tú eres el Tiempo?

Tiempo   Sí.

Hombre   ¿Y dónde por aquí vas?

Tiempo   En tu busca.

Hombre   ¡Ay desdichado
                    del que desde el pasatiempo

	vuelve en los brazos del Tiempo	1700
	cayendo en los del pecado!	
	Pues ¿qué me quieres?	
Tiempo	¿Conoces	
	estas escrituras?	
Hombre	Mías son.	
Tiempo	Pues sabe que sus días	
	ya han pasado.	
Hombre	¿Tan veloces	1705
	que apenas instante fue	
	su plazo?	
Tiempo	Eso no te espante,	
	que todo plazo fue instante	
	al que cumplido le ve.	
Hombre	¿Y qué pretendes?	
Tiempo	Cobrar	1710
	todo lo que recibiste	
	prestado y lo que adquiriste	
	con ello.	
Hombre	Para pagar	
	dame espera.	
Tiempo	Pretensión	
	es vana, porque ha cumplido	1715
	plazo. Espera no ha tenido	
	del Tiempo la ejecución;	

demás que aunque la tuviera
los acreedores están
ahí. Mira tú si querrán   1720
que el Tiempo te dé la espera.
¡Sentidos del cuerpo...!

(Salen los Sentidos.)

Sentidos   ¿Qué
                    nos quieres?

Hombre   En dura calma
                    estoy.

Tiempo   ¡Potencias del alma...!

(Salen las Potencias.)

Potencias   ¿A qué nos llamas?

Tiempo   A que   1725
                    espera el Hombre ha pedido.
                    ¿Qué dices?

Todos   Ya ejecutado,
                    que a la tierra lo prestado
                    vuelva, al cielo lo adquirido.

Hombre   Ni lo adquirido, ¡ay de mí!,   1730
                    ni lo prestado dar puedo
                    cuando tan sin todo quedo.

Sentido I   Pues ¿en qué empleaste, di,
                    el uno y otro talento?

Hombre	Mi Deseo los gastó	1735
	en alhajas que llevó	
	en humo y en polvo el viento.	
Voluntad	¿Qué hiciste del corazón	
	que, Voluntad, fié de ti?	
Hombre	A la Lascivia le di.	1740
Memoria	Y de la Memoria el don	
	que de ser mortal te advierte	
	¿qué hiciste?	
Hombre	Sin él quedé	
	desde que al Mundo entregué	
	las memorias de la muerte.	1745
Entendimiento	¿Y el Entendimiento, di?	
Hombre	Quién me lo robó no sé,	
	mas sé que sin él quedé,	
	sin su razón y sin mí.	

(Todos cantando y representando.)

Todos	¡Ay mísero de ti,	1750
	que de un feliz has hecho un infeliz!	
Tiempo	¿Qué medio en pagar previenes?	
Hombre	Solo uno, pues no hay disputa	
	que a quien el Tiempo ejecuta	
	haga dejación de bienes.	1755

Tiempo	Mientras esa dejación no se averigua cuál es, es fuerza que preso estés.	
Todos	Date, bárbaro, a prisión.	
Tiempo	Yo le llevaré, pues fui del Hombre el ejecutor.	1760
Hombre	Pues me confieso deudor diciendo iré desde aquí: iay mísero de mí!	
Músicos	¡Ay mísero de ti!	
Hombre	¡Que de un feliz he hecho un infeliz!	1765
Músicos	¡Que de un feliz has hecho un infeliz!	

(Sale el Deseo.)

Deseo	Pues del Hombre, aunque no fiel criado, criado suyo fui y él tantas veces tras mí fue, vaya yo una tras él.	1770
Sentido I	Su Deseo hacia allí veo.	
Tiempo	Con él es bien preso esté.	

(Préndenle todos.)

Deseo	¿Preso el Deseo? ¿Por qué?	

Todos	Porque fuiste mal deseo.

(A la puerta, Demonio, Lascivia y Mundo.)

Demonio	Acechemos desde aquí	1775
	adónde con los dos dan.	

Lascivia	Al rudo sepulcro van
	de donde nacer le vi.

(Llegan a la reja.)

Tiempo	¡Ah del poderoso centro,	
	que fue en su lóbrega esfera	1780
	del Hombre cárcel primera!	

Voces (Dentro.)	¿Quién va?

Tiempo	Quien trae a que dentro,	
	hasta pagar el exceso	
	de sus deudas y que dé	
	la satisfación, esté	1785
	preso el Hombre.	

Voces (Dentro.)	Allá va un preso.

Deseo	Y aun dos.

Hombre	¿Qué satisfación
	podré dar siendo infinito
	el precio de mi delito?

Tiempo	Y tenga en vuestra prisión	1790

cadenas su devaneo.

Hombre   ¿Qué más, ¡oh fiero castigo!,
cadenas si van conmigo
los yerros de mi deseo?

(Enciérranle en la reja.)

Todos   Entrad y ved que de aquí   1795
salir no habéis hasta que
paguéis.

Hombre   Mal pagar podré,
que es mucho lo que perdí.

Todos   ¡Ay mísero de ti!

Hombre   ¡Ay mísero de mí!

Todos   ¡Que de un feliz has hecho un infeliz!   1800

Hombre   ¡Que de un feliz he hecho un infeliz!

(Vanse todos y salen al tablado los tres, Demonio, Lascivia y Mundo.)

Lascivia   En el sepulcro le encierra
de donde al mundo salió.

Mundo   Y donde decirle oyó...

Culpa (Dentro.)   Que nos vamos a pique.

Amor (Dentro.)   Tierra, tierra.   1805

(Dan vuelta ambas naves a un tiempo y vese en la una la Culpa y otros y en la otra el Mercader y el Amor.)

Demonio	Las voces del calabozo se pierden con las lejanas voces que en el mar se escuchan.	
Lascivia	A lo que mi vista alcanza, impelidas de contrarios vientos, dos naves se hallan corriendo las dos a un tiempo dos fortunas tan contrarias como la una viento en popa, la otra deshecha borrasca.	1810 1815
Mundo	Y a lo que alcanza la mía, según sus velas y jarcias, la del Mercader parece la que tranquila se salva y la otra la de la Culpa, oyéndose a un tiempo en ambas...	 1820

(Dan vuelta elevándose la Culpa y el Amor en sus dos árboles mayores.)

Mercader y Amor	Buen viaje.	
Culpa y otros	Mal pasaje.	
Unos	Iza, iza.	
Otros	Amaina, amaina.	
Amor	Yo como, en fin, el Amor jeroglífico es con alas...	1825

Culpa	Yo como quien en el aire funda toda su esperanza...	
Amor	Elevándome en el viento, sobre el tope de la gavia...	
Culpa	Elevándome en mí, pues hidra sobre hidra me llaman...	1830
Amor	Reconozco que la tierra donde nos inspira el aura...	
Culpa	Reconozco que el paraje donde el Aquilón me arrastra...	1835
Amor	Es la que busca por fin de navegaciones tantas.	
Culpa	Es el que destina el cielo para sepulcro a mis ansias.	

(Bajan de las elevaciones.)

Mercader	Pues pon en ella la proa ya que al mediodía señala, que son favorables vientos los que nos corren del Austria.	1840
Culpa	Y así pues hoy tan furioso el temporal nos contrasta dejad a su ira las velas.	1845
Amor y unos	Iza, iza.	

Culpa y otros	Amaina, amaina.
Mercader y unos	Buen viaje; tierra, tierra.
Culpa y otros	Mal pasaje; al agua, al agua,
	y a nado el que pueda libre 1850
	la vida, que yo arrojada
	al mar pues contra mi fuego
	todas sus ondas no bastan
	saldré a tierra por si en ella
	tienen despique mis ansias. 1855
Unos	Buen viaje; a tierra, a tierra.
Otros	Mal pasaje; al agua, al agua.

(Dando vuelta las naves se quitan dellas las personas.)

Lascivia	La nave del Mercader
	favorablemente ufana
	ya va entrando en la bahía. 1860
Mundo	A tiempo que atormentada
	de embates la de la Culpa
	se va a pique.
Demonio	Por si saca
	della alguna gente a tierra
	el vaivén de la resaca 1865
	a la orilla nos lleguemos
	solicitando ampararla.
Lascivia	No en vano lo intentas, pues

una persona a la playa
el reflujo de las olas   1870
arroja.

(Sale la Culpa cayendo en brazos de los tres.)

Culpa   Mi horror me valga.

Los tres   ¿Culpa, qué es esto?

Culpa   Salir
                  a la tierra derrotada
                  del mar sin haber podido
                  en navegación tan larga,   1875
                  como es haber dado entera
                  vuelta al ámbito, dar caza
                  a esa nave que no sé
                  quién de mi furor la guarda
                  tanto que nunca la Culpa   1880
                  pudo, no digo abordarla
                  pero ni darla el menor
                  alcance, según la amparan
                  los puertos en que se abriga;
                  mayormente los de España   1885
                  en quien de su salvamento
                  tuvo mayor confianza.
                  El primero en que a salir
                  al mar del mundo se embarca
                  fue...

Los tres   Di.

Culpa   El de Santa María;   1890
                  estremézcome al nombrarla,

porque no sé cómo pudo
salir de noche y al alba.
Tras él fui y cuando pensé
que en su golfo le alcanzara   1895
no fue posible, porque
corrí en él tan gran borrasca
que nunca mayor la tuve,
y más al ver que pasaba
desde el de Santa María   1900
al puerto de la Deseada
—ioh no fuese a voces de
profetas y patriarcas!—.
Volvió al mar y volví yo
bien que él siempre con bonanza   1905
y yo siempre con tormenta.
Dígalo mi ira, mi saña;
pues yendo en su seguimiento
la Margarita le ampara
en su puerto en fe de que   1910
en él sus empleos hallaran
la margarita preciosa
más neta, pura y sin mancha.
Rico con tal prenda ¿quién
duda que desta aviada   1915
pasaría a Puerto Rico
por tener en sus entrañas
el escondido tesoro
que allá en las letras sagradas
compró el sabio? Conque viendo   1920
con tan segura ganancia
en tesoro y margarita
florida su confianza,
a la Florida pasó
poniendo ley a las aguas;   1925

poniendo ley dije y dije
bien, pues de la despoblada
yerma antigua ley, pasando
a la Florida de gracia
y della a la Vera-Cruz   1930
sus empleos adelanta
el puerto de Santa Fe
donde viendo asegurada
su embarcación, fue de todos
Cabo de Buena Esperanza.   1935
En todos estos parajes
solo una vez la batalla
en un páramo desierto
le presenté cara a cara,
en cuyo duelo vencida   1940
huyendo volví la espalda,
conque él pasó al puerto de Ostia
dejándome a mí en La Habana.
Ostia dije, y al decirlo
con un lazo a la garganta   1945
y con un áspid al pecho
duda, gime y tiembla el alma,
porque no sé qué misterio
en sí incluye, encierra y guarda
ver que en el puerto de Ostia   1950
todo su caudal reparta
empleado en trigo, cuya
semilla tanto me pasma
donde quiera que la veo
que es fuerza sentir que haya   1955
la nave del mercader,
solo de trigo cargada,
venido desde Ostia a Cáliz,
adonde se desembarca,

porque entre Ostia y Cáliz pierda   1960
la nave y las esperanzas.

Lascivia   Aunque tienes razón, Culpa,
de afligirte en que no hayas
conseguido su victoria
consuélete el que nos hallas   1965
victoriosos a nosotros
del triunfo que nos encargas.

Demonio   Su hermano —Primero Adán
en tu idea— en tal desgracia
le hemos puesto que en un triste   1970
duro calabozo arrastra
la cadena de sus yerros,
y pues a pagar no basta
los talentos y las joyas
que le prestaron fiadas   1975
en sentidos y potencias
cielo y tierra, tu venganza
logra en él.

Mundo   Preso por deudas,
que no ha de poder pagarlas
por ser su precio infinito,   1980
está.

Lascivia   Y no temas que salga,
que aqueste es su corazón.

Mundo   Y estas son las olvidadas
memorias de que es mortal.

Demonio   Este el laurel que ilustraba   1985

| | la región del juicio, que | |
| | yo turbé. | |

Lascivia   Y si esto no basta
               al calabozo te acerca;
               verás qué dicen sus ansias,
               sus penas y desconsuelos   1990
               que son los que le acompañan.

Hombre y
Música (Dentro.)   ¡Ay mísero de ti
                    que de un feliz has hecho un infeliz!

(Como oyendo a lo lejos salen el Mercader y Amor.)

Mercader   «¡Ay mísero de ti
               que de un feliz has hecho un
               infeliz!»   1995
               ¿Cúyo será este gemido
               que me ha enternecido el alma
               según lamentable suena?

Amor   Hacia aquella gruta, extraña
               cárcel del tiempo, se oyó.   2000

Culpa   Aunque quiera daros gracias
               no puedo, porque al mirar
               que tan a mi vista anda
               el Mercader tiemblo.

Demonio   Pues
               retírate mientras pasa.   2005

Culpa   Fuerza será, aunque me prive

del gusto con que escuchaba
decir lamentando allí...

Músicos (Dentro.)   ¡Ay mísero de ti
que de un feliz has hecho un infeliz!   2010

(Retíranse los cuatro.)

Mercader   Otra vez en mis oídos
la queja suena y mi rara
piedad no permite que
no procure remediarla.
Adelántate, Amor; mira   2015
si es verdad que se formaba
en esa gruta el gemido.

Amor   Sí haré, y diga esta enseñanza
si otro adelanta al Deseo
que tú al Amor adelantas.   2024

(El Hombre dentro y Deseo a la reja.)

Hombre   Ponte a esa reja, Deseo,
pidiendo tú en voces altas
limosna a quien pase, en tanto
que la mía al cielo clama
en este profundo seno   2025
desde la noche hasta el alba.

Deseo   ¡Oh tú, quien quiera que seas,
que por estos campos andas,
duélete de aquestos pobres
encarcelados que pasan   2030
extrema necesidad!

90

Amor	¿Quién eres tú que me llamas tan afligido?
Deseo	El Deseo de salir de aquí.
Amor	¿Qué aguardas? Llega, señor, que aquí es 2035 adonde el suspiro llama.
Mercader	¿De quién?
Amor	Del Deseo del Hombre.
Mercader	¿Del Deseo? ¿Pues qué causa te tiene preso?
Deseo	Las deudas de mi amo.
Mercader	Luego ¿se halla 2040 preso contigo?

(El Hombre a la reja.)

Hombre	Y tan pobre que da licencia a que salga su Deseo a aquestas rejas a ver si de alguien alcanza de limosna algún consuelo, 2045 ya que su desdicha es tanta de hambre, sed, calor y frío como en esta oscura estancia

su desnudez siente.

Mercader	Pues ¿qué es esto?	
Hombre	Miseria humana.	2050
Mercader	Harto me has dicho, pues todas cuantas penas hay y cuantas ha habido y ha de haber caben en sola aquesa palabra. ¡Ay, hermano, lo que siento verte en desventura tanta!	2055
Hombre	¿Tú eres? Ya siento yo más la vergüenza que me causas que la prisión que padezco.	
Mercader	¡Qué en otro estado te hallaras si a mí me hubieras seguido!	2060
Amor	¡Ay de su ciega ignorancia!	
Mercader	¿Qué es eso, Amor? ¿Pues tú lloras?	
Amor	¿Quién ha de llorar desgracias del Hombre, sino tu Amor?	2065
Mercader	¿Ni quién ha de remediarlas hallándose entre un Amor que llora, un Hombre que clama, sino quien sabe que valen más mis sobras que sus faltas? ¿Quién aquí te tiene preso?	2070

Hombre	Los acreedores, que tratan
	cobrar sus prestados bienes
	siendo para su cobranza
	el Tiempo quien me ejecuta. 2075
Mercader	Fía del cielo y aguarda,
	que presto volveré a verte.
	¡Amor!
Amor	¿Qué me quieres?
Mercader	Llama
	al Tiempo.

(Quítanse los dos de la reja y sale el Tiempo.)

Tiempo	No es menester,
	que el Tiempo de aquí no falta; 2080
	que para afligir a un triste
	a que le llamen no aguarda.
Mercader	Ese Hombre que tienes preso
	mi hermano es; yo la fianza
	haré de sus deudas, haz 2085
	tú que de la prisión salga.
Tiempo	¿Quién eres tú que pagar
	deudas tan cuantiosas tratas?
Mercader	¿No me conoces?
Tiempo	El Tiempo
	a nadie conoce, a causa 2090

de haber de igualar a todos;
que si a distinguir llegara
al pobre del rico no
muriera ningún monarca,
y así a ninguno conoce,   2095
conque a todos los iguala.

Mercader   El mercader de esa nave
                  soy; esto que diga basta
                  para saber que mi hacienda
                  es mucha. Y pues hoy te hallas   2100
                  con un preso pobre ¿qué haces
                  en admitir la fianza
                  de un mercader rico? Pues
                  siempre es preciso que valga
                  más un fiador abonado   2105
                  que un deudor falido.

Tiempo   Es clara
                  consecuencia, y así vengo
                  en que la fianza se haga,
                  pues tendrán los acreedores
                  a dicha ver abonada   2110
                  su deuda; y pues ante mí
                  las escrituras pasadas
                  se hicieron, a espaldas de ellas
                  para empezar a otorgarla
                  pongo la cruz. Di tú agora   2115
                  a qué te obligas.

Mercader   Bien trazas
                  el que mi fianza entre
(Escribe el Tiempo.)   con la cruz a las espaldas.
                  Pon que me obligo a pagar

	las deudas del Hombre cuantas	2120
	se hallen en las escrituras,	
	principalmente la que habla	
	en que hice propia la ajena	
	deuda cargando las ansias	
(Escribe el Tiempo.)	del Hombre sobre mis hombros.	2125
	«Y obligándose a la paga	
	hizo propias las ajenas	
	deudas y de ellas se encarga.»	

Mercader   Así lo firmo, Segundo
                  Adán.

Tiempo   ¿Qué falta ahora?

Amor   Falta   2130
                  que nos entregues el preso,
                  pues te queda en confianza
                  ese resguardo.

Mercader   Bien dice,
                  que para que se quedara
                  preso el Hombre ¿para qué   2135
                  había menester fianza?

Tiempo   Claro está. ¡Ah de la prisión,
                  abrid las puertas y salga
                  el Hombre de ella!

(Salen el Hombre y Deseo en una cadena.)

Hombre   ¿Qué quieres,
                  Tiempo, que tan mal me tratas?   2140

Tiempo	Tratarte bien algún día;
	pero a tu hermano las gracias,
	que se ha obligado a tus deudas,
	y así es bien las puertas abra
	y la cadena te quite. 2145
	Mas ¡ay, que solas no bastan
	mis fuerzas, que aunque ponerla
	pude no puedo quitarla!
Amor	Estás muy anciano, Tiempo;
	yo llegaré. Tú repara 2150
	lo que le debes, que es
	su Amor quien te la desata.
Deseo	Salto y brinco de contento;
	siempre vio mi confianza
	que él era hermano del cuerpo 2155
	pero tú amigo del alma.
Hombre	No tanto al verme sin ella
	estimo, Amor, el dejarla
	cuanto estimo que me dé
	lugar de echarme a sus plantas 2160
	en fe de que agradecido
	siempre le seré.
Mercader	Levanta
	de la tierra y a mis brazos
	llega, que de mi jornada
	levantarte de la tierra 2165
	han sido las esperanzas.
Todos (Dentro.)	¡La puerta de la prisión
	abierta está!

Hombre	Aunque me ampara
	tu favor, el ver que vienen
	mis acreedores con tanta 2170
	grita contra mí al mirar
	la puerta abierta me espanta
	y atemoriza.
Deseo	Acreedores
	tienen malísimas caras.
Mercader	Pues verlos sientes, ya que 2175
	quedando yo no haces falta,
	a mi nave te retira
	y que a ella te lleve aguarda
	mandamientos de soltura
	con su finiquito y carta 2180
	de pago.
Hombre	Vamos, Deseo,
	con acciones tan contrarias
	como llorar mis errores
	y cantar sus alabanzas.

(Vanse los dos y salen en tropa Sentidos y Potencias, y el Tiempo los detiene.)

Todos	Sigámosle, que sin duda 2185
	la dura cárcel quebranta
	pues va huyendo.
Tiempo	Deteneos.
Todos	¿Tú el paso nos embarazas

	cuando tu descuido ha sido	
	de aquesta fuga la causa?	2190

Tiempo	Nunca el Tiempo se descuida;	
	y porque mi vigilancia	
	veáis y que el irse no es fuga	
	sino antes suma ventaja	
	que de irse a tenerle preso	2195
	resulta en vuestra cobranza,	
	sabed que suelto y no libre	
	va debajo de fianza.	

Todos	¿Qué fianza?

Tiempo	La escritura
	lo dirá.

Todos	¿Quién a otorgarla	2200
	llegó?	

Tiempo	El mercader de aquesa	
	rica nave; conque es clara	
	cosa que de vuestras deudas	
	tenéis segura la paga	
	según el grande tesoro	2205
	que quiso el cielo que traiga.	

Sentido I	En viéndolas satisfechas	
	lo creeremos, y así trata	
	pues a pagarnos te obligas	
	de pagarnos.	

Voluntad	Sí, que nada	2210
	dice el proverbio que hace	

	el que fía si no paga.	
Mercader	Sí hace en llegando la hora de pagar.	
Todos	¿Qué más llegada?	
Tiempo	¿No has de pagar por él?	
Mercader	Sí.	2215
Todos	¿Pues qué esperas?	
Mercader	Que aunque haya de cumplirse la escritura y aunque para sus instancias el espíritu está pronto, la carne es la que desmaya.	2220
Sentido I	Pues nosotros no tenemos espera; la tierra clama porque el cuerpo sus sentidos la vuelva.	
Voluntad	También del alma para el premio o el castigo según pérdida o ganancia el cielo por sus potencias.	2225
Todos (Al Tiempo.)	Nuestro crédito restaura y pues te dimos un preso danos el preso o la paga.	2230
Tiempo	Ya ves que el pueblo de tanto	

	acreedor contra ti clama;	
	págale pues te obligaste.	
Mercader	En siendo mi hora llegada.	
Tiempo	Pues en tanto será fuerza	2235
	el que yo le satisfaga	
	pagándoles con un preso	
	la cantidad a la falta	
	de otro; y pues el principal	
	en fe del fiador se salva	2240
	fuerza es que pague el fiador	
	lo que el principal no paga.	
	Esta es su cadena.	

(Pónele la cadena.)

Mercader	¿Tú,	
	Tiempo, eres quien me la ata?	
Tiempo	¿Quién puede dudar del Tiempo	2245
	ser continuas las mudanzas?	
	Tiempo hubo de triunfo, tiempo	
	de gozo, ¿qué mucho que haya	
	tiempo también de pasión?	
	Llega, Amor, para que hagas	2250
	número por el Deseo.	
Amor	Mi fineza no lo extraña	
	que él no se fuera sin mí	
	ni yo sin él me quedara.	

(Éntranle en la reja.)

Tiempo	Entra en esa triste oscura	2255
	prisión de la vida humana.	
Mercader	Obedezcamos al Tiempo,	
	y pues en esta fianza	
	ves, Hombre, lo que me debes	
	mira cómo me lo pagas.	2260

(Vanse los dos, Mercader y Amor.)

Tiempo	Ya si un preso os faltó, otro	
	tenéis con mejoras tantas	
	cuantas van de un pobre a un rico.	
Voluntad	Aumentemos de sus ansias	
	el dolor para obligarle	2265
	a que abrevie la esperada	
	hora, que dos veces dijo,	
	que para pagar le falta.	
Tiempo	Aflíjanle vuestras voces	
	que yo moveré las alas	2270
	más veloces porque corran	
	los términos de su instancia.	

(Cantan a la puerta de la reja en tono triste y claro.)

Músicos	En esta oscura cárcel	
	adonde por fianza	
	yace el que como propias	2275
	ajenas deudas paga,	
	la desnudez le aflija	
	y al calor y a la escarcha	
	pan de dolores coma,	

beba del llanto el agua. 2280
A ramales de azotes
se arrimen sus espaldas
y al levantarse sean
cambrones su guirnalda.
Duro madero forme 2285
el lecho en que descansa
y ese con tales clavos
que hieran...

(Dentro Mercader con voz lastimosa.)

Mercader   Basta, basta;
que al compás de mis penas
ya en vuestras consonancias 2290
ha llegado la hora
de consumar la paga.

(Con voz más entera sale arrojando la cadena y abriendo la cárcel con manto encarnado.)

Y así deste sepulcro
abriendo yo la estancia
y rompiendo cadenas, 2295
porque mi ser no aguarda
ni que el lazo me quiten
ni que la puerta me abran,
salgo más victorioso
que entré, porque empleada 2300
la costa de la deuda
llegue el fin de la paga.
Tiempo, ve a esa nave; en ella
hallarás cómo cargada
de trigo trae desde lejos 2305

en sus fecundas entrañas
el pan de la vida. Dejo
que en decir pan dije gracia
y que en gracia, nave y pan,
en mil doctas, en mil sacras   2310
frases en sí incluyen dos
misteriosas semejanzas,
y voy a que habiendo hecho
en mí la ejecución, hagas
el pago en él, para cuyo   2315
efecto al padre le encarga
de familias, que él sabrá
darle a sembrador que esparza
su semilla por el mundo
en sus cuatro partes varias;   2320
conque en habiendo pasado
la siembra y salido al alba
a conducir los obreros
que importen a su labranza
podrás pasando su grano   2325
desde la mies a la parva
y de la parva a la troj,
con su precio hecha la paga
del Hombre a los acreedores,
sacarme de la fianza.   2330

Todos   Somos contentos con que
                 en trigo nos satisfagas.

(Salen Culpa, Lascivia, Mundo y Demonio.)

Culpa   Brutos sentidos del cuerpo,
                 nobles potencias del alma
                 ¿cómo es posible que sea   2335

tan grande vuestra ignorancia
que en trigo os satisfagáis?
¿Puede por mucho que valga
valer infinito precio
por más que la nave traiga? 2340
Pues siendo así que infinita
deuda es la que a Dios agravia
por ser objeto infinito
¿cómo es posible que haya
caudal en una semilla 2345
de infinito valor?

Mercader Calla,
no prosigas; cesa, cesa,
monstruo horrible de las aguas,
que fueron tribulaciones
del Hombre y ya son bonanzas. 2350
Calla, digo, que no solo
en ser su cantidad tanta
consiste el valor de aqueste
trigo; que una espiga basta
a tener precio infinito. 2355

Lascivia Antes que crea tan rara
proposición, ni por todo
el trigo dará mi saña
su corazón.

Mundo Ni la mía
sus memorias olvidadas 2360
de la muerte.

Demonio Ni yo el juicio
que le perturbó la extraña

cicuta de mi veneno.

Mercader   ¡Hombre...!

(Salen Hombre y Deseo.)

Hombre   ¿A qué, señor, me llamas?

Mercader   A que se te restituyan   2365
                  esas perdidas alhajas
                  viendo pagadas tus deudas.

Todos   Hasta ahora no están pagadas.

Culpa   ¿Dónde el valor infinito
                  que en tu trigo nos declaras   2370
                  está?

(Ábrese la nube y vese el Amor con cáliz y hostia en la mano.)

Amor   Eso dirá el Amor,
                  que una fineza tan rara
                  obra es suya. En esta tersa,
                  pura, limpia, nube blanca
                  de la flor del pan que trajo   2375
                  en pan de flor soberana
                  la nave del mercader,
                  pues perdida la substancia
                  de pan, aunque de pan tenga
                  accidentes a ser pasa   2380
                  substancia de carne y sangre,
                  con maravilla tan alta
                  como estar en el pan de hostia
                  su ser en cuerpo y en alma.

Entendimiento	A tan grande maravilla	2385
	ya las potencias pagadas	
	están; que el Entendimiento	
	en virtud de esas palabras	
	cautivo por el oído...	
Voluntad	La Voluntad avasalla.	2390
Memoria	Y la Memoria.	
Sentido II	Y con él	
	creyendo fineza tanta	
	todos los demás sentidos.	
Mercader	Pues ¿qué esperas? Pues ¿qué aguardas	
	si sentidos y potencias	2395
	satisfechos de la paga	
	están, para darle, Culpa,	
	por absuelto de tu instancia?	
Culpa	¿Qué he de esperar sino que	
	a vista de tan extraña	2400
	fineza de Amor, las rocas	
	que sus lóbregas entrañas	
	abrieron para mi cuna	
	para mi tumba las abran?	
(Vase.)		
Lascivia	Yo absorta, su corazón	2405
	le restituyo forzada.	
	Toma, Hombre, que agora tú	
	eres el que me le arrancas.	

(Dale el corazón y vase.)

Demonio   Toma, cóbrate en tu juicio
y cóbreme yo en mi rabia.   2410

(Dale el cintillo y vase.)

Mundo   Yo, que el Mundo soy, y no
tengo acción determinada,
buena o mala hasta que el Hombre
o mala o buena la haga,
volviéndole las memorias   2415
de su frágil ser añada
que a tan alto sacramento
rinda el Mundo vida y alma.

(Dale la sortija.)

Todos   ¿Qué esperamos, cuando todo
el mundo se ve a sus plantas?   2420

Tiempo   Esperad, que una pregunta
hacer al Tiempo le falta.
Si el pan que trajo la nave
en aquella hostia se ensalza
y eleva ¿de qué la copa   2425
sirve en que unido descansa?

Mercader   Eso su segunda parte
presto en no menos sagrada
parábola lo dirá
si a aquesta suples las faltas.   2430

Hombre	Pues en tanto repitamos
	todos en sus alabanzas...
Todos y Músicos	La nave del mercader,
	que de su trigo cargada
	embarcado en puerto de Ostia
	en Cáliz se desembarca,
	a primero y segundo Adán restaura
	en los dos reparando deuda y fianza.

Pues en tanto repitamos
todos en sus alabanzas...

La nave del mercader,
que de su trigo cargada
embarcado en puerto de Ostia   2435
en Cáliz se desembarca,
a primero y segundo Adán restaura
en los dos reparando deuda y fianza.

Libros a la carta

A la carta es un servicio especializado para
empresas,
librerías,
bibliotecas,
editoriales
y centros de enseñanza;
y permite confeccionar libros que, por su formato y concepción, sirven a los propósitos más específicos de estas instituciones.

Las empresas nos encargan ediciones personalizadas para marketing editorial o para regalos institucionales. Y los interesados solicitan, a título personal, ediciones antiguas, o no disponibles en el mercado; y las acompañan con notas y comentarios críticos.

Las ediciones tienen como apoyo un libro de estilo con todo tipo de referencias sobre los criterios de tratamiento tipográfico aplicados a nuestros libros que puede ser consultado en Linkgua-ediciones.com.

Linkgua edita por encargo diferentes versiones de una misma obra con distintos tratamientos ortotipográficos (actualizaciones de carácter divulgativo de un clásico, o versiones estrictamente fieles a la edición original de referencia).

Este servicio de ediciones a la carta le permitirá, si usted se dedica a la enseñanza, tener una forma de hacer pública su interpretación de un texto y, sobre una versión digitalizada «base», usted podrá introducir interpretaciones del texto fuente. Es un tópico que los profesores denuncien en clase los desmanes de una edición, o vayan comentando errores de interpretación de un texto y esta es una solución útil a esa necesidad del mundo académico.

Asimismo publicamos de manera sistemática, en un mismo catálogo, tesis doctorales y actas de congresos académicos, que son distribuidas a través de nuestra Web.

El servicio de «libros a la carta» funciona de dos formas.

1. Tenemos un fondo de libros digitalizados que usted puede personalizar en tiradas de al menos cinco ejemplares. Estas personalizaciones pueden ser de todo tipo: añadir notas de clase para uso de un grupo de estudiantes,

introducir logos corporativos para uso con fines de marketing empresarial, etc. etc.

2. Buscamos libros descatalogados de otras editoriales y los reeditamos en tiradas cortas a petición de un cliente.

Printed in Poland
by Amazon Fulfillment
Poland Sp. z o.o., Wrocław

69305525R00067